T0011583

VISTA™

Analizar
la estructura del texto informativo

Saber cómo el autor organizó o construyó el texto es importante para ayudarte a entenderlo mejor. Hay cinco maneras de estructurar un texto informativo:

Preguntas y palabras útiles para **analizar la estructura de un texto informativo:**

 **Secuencia**

¿El texto expone el orden de algún suceso? **(fechas, antes, después, finalmente)**

 Problema y solución

¿El texto describe cómo darle solución a algún problema? **(problema, solución, dilema, respuesta, pregunta, satisfacer)**

 Comparar y contrastar

¿El texto explica en qué se parecen y se diferencian dos o más cosas? **(similar, parecido, diferente, desiguales, iguales, semejantes, mientras que, sin embargo)**

 Descripción

¿El texto está describiendo algo? **(por ejemplo, tales como, así, de esta manera)**

 Causa y efecto

¿El texto explica por qué sucede algo? **(porque, debido a, la razón es, como resultado, como consecuencia)**

Explora la superficie de la Tierra

Nuestro mundo está lleno de lugares maravillosos. Cualquier sitio de la Tierra que visites cuenta con diferentes **accidentes geográficos** y **cuerpos de agua.** Los accidentes geográficos de la Tierra siempre están cambiando.

Los cuerpos de agua, como los ríos y lagos, también están por todas partes. Al igual que los accidentes geográficos de la Tierra, estos cuerpos de agua están en constante cambio.

Las montañas son unos de los accidentes geográficos más grandes de la Tierra. Las montañas salen por encima de la superficie del suelo. Un grupo de montañas es una cordillera.

La mayoría de las montañas tardaron millones de años en formarse.

Las montañas tienen costados empinados y muchas de ellas tienen cumbres puntiagudas. La cumbre es la parte más alta de la montaña.

El monte Everest es la montaña más alta del mundo. Está a más de 29 000 pies sobre el nivel del mar. El monte Everest tiene más de 60 millones de años. Está ubicado en la frontera de China con Nepal.

monte Everest

¡Datos sobre volcanes!

Aprendamos acerca de los volcanes

- En el interior de la Tierra, la roca está tan caliente que es líquida.

- Esta roca líquida se llama **magma**.

- El volcán es un accidente geográfico que se crea cuando el magma sube hasta la superficie de la Tierra.

- Cuando el magma llega a la superficie, se llama **lava**.

- Esta lava se enfría y se convierte en roca dura.

lava

magma

- ¡Los volcanes pueden formar montañas y hasta islas!

- Existen cerca de 1900 volcanes activos alrededor del mundo.

- Hawái tiene los volcanes más grandes y altos. Todas las islas de Hawái se formaron por volcanes.

Hawái

Un valle es un terreno bajo entre colinas o montañas. En algunas cordilleras, el agua de lluvia baja por los lados de las montañas y se junta en el valle, formando ríos. Estos valles son conocidos como valles fluviales.

Esto podría parecer que son unas montañas y un valle fluvial, pero es un **cañón**.

Un cañón es un corte profundo en la superficie de la Tierra. Los cañones se forman cuando el agua en movimiento desgasta el suelo. Este proceso se llama erosión. El río comenzó en la parte más alta del cañón y lentamente se fue hundiendo, creando el cañón. Los cañones pueden tardar millones de años en formarse.

cañón

Preguntas frecuentes

El Gran Cañón es uno de los accidentes geográficos más famosos de Estados Unidos.

Pregunta: ¿Dónde está el Gran Cañón?

Respuesta: Está en Arizona.

Pregunta: ¿Qué tamaño tiene el Gran Cañón?

Respuesta: ¡El Gran Cañón tiene 6000 pies de profundidad!

Pregunta: ¿Cuán antiguas son las rocas del Gran Cañón?

Respuesta: Las rocas que están al borde del cañón tienen 230 millones de años de antigüedad. Las que están en lo más profundo tienen 2000 millones de años.

Pregunta: ¿Hace calor en el Gran Cañón?

Respuesta: En verano, el cañón es muy caluroso, pero en invierno hace mucho frío.

Las llanuras son zonas planas sin montañas ni colinas. Existen diferentes tipos de llanuras. Un **pastizal** es un área extensa cubierta de pasto donde los veranos son cálidos y los inviernos fríos. Las llanuras en los **desiertos** tienen climas calurosos y secos.

pastizal

desierto

El suelo de muchas llanuras es fértil, ideal para la agricultura. Los agricultores pueden cultivar todo tipo de plantas en estas llanuras.

Las Grandes Llanuras cubren 12 estados de Estados Unidos y partes de Canadá. El área es conocida por su agricultura.

Los bosques son zonas llenas de árboles, y existen tanto en climas fríos como cálidos. Los bosques son el hogar de muchos animales y plantas como el alce, el ciervo, el conejo, el búho y el pájaro carpintero.

¡EXTRA! BAÑO DE BOSQUE

En Japón, existe una práctica llamada baño de bosque. La gente camina lentamente por el bosque para relajarse y sentirse en calma.

En los bosques de secuoyas de California puedes encontrar los árboles más altos del mundo. Muchas secuoyas miden más de 300 pies de altura. Los troncos tienen entre 10 y 20 pies de ancho.

También viven muchos animales en un bosque de secuoyas. La babosa de plátano es uno de ellos.

babosa de plátano

El océano cubre la mayor parte de la superficie de la Tierra. Este enorme cuerpo de agua está dividida en cinco océanos más pequeños. Estos son Pacífico, Atlántico, Índico, Antártico y Ártico. Los océanos ayudan a mantener cálida la Tierra.

El agua del océano es agua salada. ¡Más de un millón de animales diferentes viven en el océano! Muchos son tan pequeños que solo puedes verlos con un **microscopio**. Otros son muy grandes.

ballena azul

SABELOTODO

¡El animal más grande de la Tierra vive en el océano! Es la ballena azul.

¿Cómo podemos proteger el océano?

1. No utilices bolsas o contenedores de plástico. Estos contenedores suelen acabar en el océano.

2. No tires basura en la arena cuando vayas a la playa.

3. Visita acuarios o mira documentales sobre el mar para aprender sobre la fauna marina.

4. Recicla todo el plástico posible.

5. Usa productos que sean biodegradables o reutilizables y que no dañen el medio ambiente. Así ayudas a reducir la cantidad de contaminación que llega al océano.

6. Organiza una cuadrilla de amigos del barrio, o de la escuela, para ir a limpiar la costa o una playa cercana.

Un río es un cuerpo de agua. El agua de los ríos es dulce. Los ríos muchas veces nacen en montañas, y fluyen hacia tierras más bajas. Los ríos se juntan con otros ríos, lagos o terminan en el océano.

Los ríos cumplen un papel importante en el movimiento de agua dulce alrededor de la Tierra. Los ríos proporcionan agua a personas, animales y plantas. Los ríos son el hogar de peces, insectos, reptiles, aves y mamíferos.

Los lagos son cuerpos de agua que están rodeadas de tierra. El agua de la mayoría de los lagos es dulce aunque, algunos son de agua salada. Los lagos pequeños se llaman estanques.

Los mapas nos pueden ayudar a conocer mejor los accidentes geográficos de la Tierra.

Este es un mapa del lago Tahoe. El lago se encuentra entre los estados de California y Nevada.

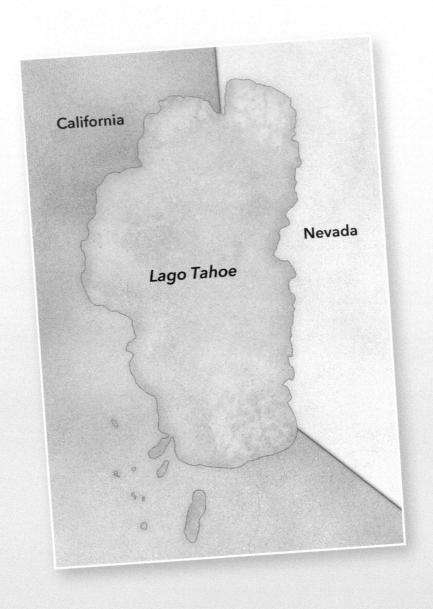

¡Existen accidentes geográficos y cuerpos de agua en toda la superficie de la Tierra!

accidentes geográficos características creadas de forma natural en la superficie terrestre

cañón accidente geográfico provocado por un río que erosiona en terrenos una profunda hendidura de paredes casi verticales

clima condiciones del tiempo que ocurren durante un período largo

cuerpos de agua cualquier área de tierra cubierta por agua

desierto área extensa de tierra extremandamente seca porque casi nunca llueve

magma roca fundida desde el centro del planeta Tierra

microscopio herramienta que se usa para ver cosas muy pequeñas

Every effort has been made to trace the copyright holders of the works published herein. If proper copyright acknowledgment has not been made, please contact the publisher and we will correct the information in future printings.

Photography and Art Credits

All images © by Vista Higher Learning unless otherwise noted.

Cover: Simon Dannhauer/123RF.

4-5: Simon Dannhauer/123RF; **6:** Kris Wiktor/Shutterstock; **7:** Vixit/Shutterstock; **8-9:** Taochy Gilles/Shutterstock; **8:** Nicolas Primola/Shutterstock; **9:** Yvonne Baur/Shutterstock; **10:** Invisiblepower/Deposit Photos; **11:** Craig Hastings/Getty Images; **12-13:** Alexey Suloev/Shutterstock; Yongyut Kumsri/Shutterstock; **14:** (t) Kungfoofoto/Shutterstock; (b) Oscar Garces/Shutterstock; **15:** HannaTor/Shutterstock; **16:** (t) Delbars/Shutterstock; (b) Arrowsmith2/123RF; **17:** (t) Kid Dog Travel/Shutterstock; (b) Stephen Moehle/Shutterstock; **18:** Vladi333/Shutterstock; **19:** Rich Carey/Shutterstock; **20:** SolStock/Getty Images; **21:** SimpleFoto/Deposit Photos; **22:** ImageBROKER/Alamy; **23:** Dajahof/Shutterstock; **25:** Altanaka/Shutterstock.

© 2024, Vista Higher Learning, Inc.
500 Boylston Street, Suite 620
Boston, MA 02116-3736
www.vistahigherlearning.com
www.loqueleo.com/us

Dirección Creativa: José A. Blanco
Vicedirector Ejecutivo y Gerente General, K–12: Vincent Grosso
Desarrollo Editorial: Salwa Lacayo, Lisset López, Isabel C. Mendoza
Diseño: Radoslav Mateev, Gabriel Noreña, Andrés Vanegas, Manuela Zapata
Coordinación del proyecto: Karys Acosta, Tiffany Kayes
Derechos: Jorgensen Fernandez, Annie Pickert Fuller, Kristine Janssens
Producción: Thomas Casallas, Oscar Díez, Sebastián Díez, Andrés Escobar, Adriana Jaramillo, Daniel Lopera, Daniela Peláez

Explora la superficie de la Tierra
ISBN: 978-1-66992-204-9

Todos los derechos reservados. Esta publicación no puede ser reproducida, ni en todo ni en parte, ni registrada en o transmitida por un sistema de recuperación de información, en ninguna forma ni por ningún medio, sea mecánico, fotoquímico, electrónico, magnético, electroóptico, por fotocopia o cualquier otro, sin el permiso previo, por escrito, de la editorial.

Printed in the United States of America

1 2 3 4 5 6 7 8 9 GP 29 28 27 26 25 24